Die Insel der blauen Delfine

Ein Leseprojekt
zu dem
gleichnamigen Roman
von Scott O'Dell

erarbeitet von
Dorit Kock-Engelking
und
Jochen Lewin

Illustrationen
von
Silke Engel

Cornelsen

Inhaltsverzeichnis

Kapitel 1

Ich erinnere mich noch gut an den Tag, an dem das Schiff kam. Mein Bruder Ramo und ich waren auf einen Hügel gestiegen. Dort gruben wir nach Wurzeln.

Ramo war noch klein. Er war halb so alt wie ich. Er war erst sechs Jahre alt. Ramo sah aufs Meer hinaus.

„Hast du schon einmal einen roten Wal gesehen?“, fragte er. Und dann schrie er: „Das ist gar kein Wal!

Das ist ein riesiges Kanu! Es ist größer als alle unsere Kanus zusammen. Und es ist rot!“ Ramo hatte noch nie in seinem Leben ein richtiges Schiff gesehen. Aufgeregt lief er den Weg zum Dorf hinunter. Ich blieb noch für eine Weile auf dem Hügel und blickte über die Insel. Von oben sah sie aus wie ein Delfin. Und im Meer rings um die Insel lebten auch viele echte Delfine. Vielleicht hieß unsere Insel deshalb „Insel der blauen Delfine“. Der Wind wehte bei uns meist heftig. Die Hügel der Insel waren wie blank gescheuert und die Bäume klein und krumm. Das Dorf unseres Stammes lag im Osten der Insel. Es hieß Ghalas-at. Die Bucht lag im Süden der Insel.

Das Schiff war ein großes Segelschiff. Es hatte wenig später die Bucht erreicht. Ich lief den Hügel hinab und kletterte auf einen hohen Felsen. Nun lag die Bucht unter mir. Die Sonne glänzte auf dem weißen Sand. Etwa die Hälfte der Männer unseres Stammes hatte sich am Ufer versammelt. Die Übrigen hielten sich hinter den Felsen versteckt. So konnten sie den anderen im Notfall zu Hilfe kommen.

Ich sah, wie ein kleines Ruderboot vom Schiff abstieß. Sechs Männer ruderten in dem Boot. Ihre Gesichter waren breit. Ihr glänzendes schwarzes Haar fiel ihnen in die Stirn. Sie hatten Knochenspieße durch ihre Nasen gesteckt. Hinten im Boot stand ein großer Mann mit einem gelben Bart. Die Männer kamen bestimmt aus dem Norden. Mein Vater hatte mir von den Männern aus dem Norden schon viel erzählt. Unser Stamm fürchtete sie. Der große Mann sprang ans Ufer. Er rief etwas. Es waren seltsame Worte. Diese Worte hatte ich noch nie zuvor gehört. Dann stand er da, als gehöre ihm die Insel. Langsam sprach er in unserer Sprache: „Ich komme in Frieden und will mit euch verhandeln.“ Unsere Männer blieben still. Schließlich trat mein Vater vor. „Ich bin der Häuptling von Ghalas-at“, sagte er. „Ich bin der Häuptling Chowig.“

Fortsetzung folgt

1. Die Geschichte spielt auf der Insel der blauen Delfine. Warum heißt die Insel so? Im Kapitel werden zwei Gründe genannt. Vervollständige die Sätze.

1. Grund: *Sie heißt „Insel der blauen Delfine", weil*

____

____

2. Grund: *Sie heißt „Insel der blauen Delfine", weil*

____

____

2. Delfine sehen aus wie Fische. Sie sind aber Säugetiere. Das heißt, sie bringen ihre Jungen lebend zur Welt.

a) Informiere dich in einem Lexikon über Delfine.

b) Trage jeweils das richtige Wort oder die richtige Wortgruppe in die Lücke ein.

Delfine leben ______________________ .
in der Wüste / im Meer

Delfine leben meist ______________________ .
in Gruppen / allein

**3. Die Insel sieht von oben aus wie ein Delfin.
Male die Insel.
Male auch das Meer ringsum.**

4. **Wie alt ist die Person, die die Geschichte erzählt?**

a) **Lies noch einmal die Zeilen 5 bis 7 auf Seite 3.**

b) **Rechne das Alter aus.**

Tipp: Die Person, die die Geschichte erzählt, ist doppelt so alt wie Ramo.

c) **Trage nun das Ergebnis in das Kästchen ein.**

Die Person, die die Geschichte erzählt,
ist ☐ Jahre alt.

5. **Wer oder was hat welchen Namen?**

a) **Verbinde die richtigen Satzteile, sodass die Aussagen stimmen.**

b) **Schreibe die Sätze richtig in dein Heft.**

Der Bruder heißt	Ghalas-at.
Der Vater heißt	Häuptling Chowig.
Das Dorf heißt	Ramo.

**6. Im Kapitel kommen drei verschiedene Wasserfahrzeuge vor.
Wie heißen sie jeweils?
Trage in die Lücken ein.**

das Kanu / das Segelschiff / das Ruderboot

Das ____________________ hat große Segel, die sich im Wind aufblähen. Der Wind treibt solche Schiffe voran.

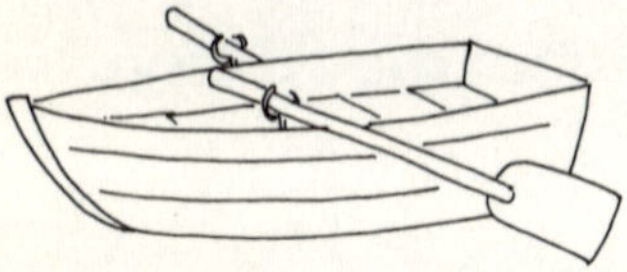

Das ____________________ ist kleiner als ein Schiff. Man rudert mit Hilfe der so genannten Riemen, die ins Wasser ragen.

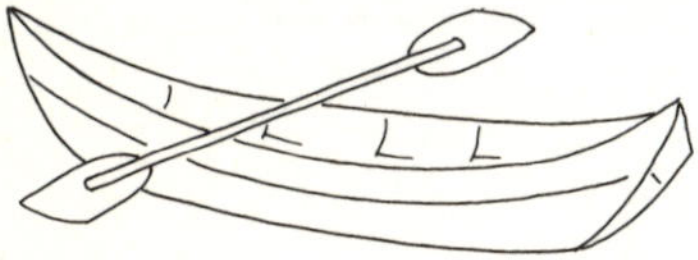

Das ______________ ist schmaler als ein Ruderboot. Die Indianer bauten solche Boote aus Baumstämmen.

7. **Ein Kompass zeigt an, wo die vier Himmelsrichtungen liegen.**

a) **Sieh dir den Kompass genau an.**

Tipp: S = Süden, N = Norden,
W = Westen, O = Osten

b) **Ergänze nun die Sätze.**

Der Süden liegt gegenüber dem ______________.

Der Westen liegt gegenüber dem ______________.

8. **Auf der Seite 11 ist eine Landkarte abgebildet. Sie zeigt die Insel der blauen Delfine.**

a) **Siehst du im Osten der Insel die Hütten des Dorfes Ghalas-at? Kreise sie ein.**

b) **Siehst du im Westen der Insel die Bäume? Male sie farbig aus.**

c) **Im Norden fährt vor der Insel ein Schiff mit rotem Segel. Zeichne es in die Karte ein.**

d) **Siehst du im Süden der Insel die Kanus in der Bucht? Male das Meer vor der Bucht blau aus.**

N
W
O
S

Kapitel 2

Mein Vater hatte dem Fremden seinen geheimen Namen genannt. Das wunderte mich. In unserem Stamm hatte jeder zwei Namen: einen Namen, den alle kannten, und einen geheimen Namen. Die geheimen Namen wurden nur selten benutzt. Es hieß, dass sie sonst ihre Zauberkraft verlieren würden. Mich nannten alle Won-a-pa-lei. Das bedeutet „das Mädchen mit den langen schwarzen Haaren“. Mein geheimer Name war Karana.

2

Nun stand der Fremde da und lächelte. „Ich bin Kapitän Orloff. Wir sind hierher gekommen, um Otter zu jagen.“

Mein Vater und Kapitän Orloff verhandelten lange über die Bezahlung. Schließlich einigten sie sich. Die Fremden richteten sich auf der Insel häuslich ein. Ihre Kanus pendelten stundenlang zwischen dem Schiff und der Bucht hin und her. Sie schlugen ihre Zelte außerhalb des Dorfes auf. Im Dunkeln konnten wir den Schein ihrer Lagerfeuer sehen. Am Abend erklärte mein Vater: „Die Fremden kommen aus einem Land im fernen Norden. Sie werden in unserer Bucht nach Ottern jagen. Für die Otterfelle geben sie uns Dinge, die wir gebrauchen können.“

„Glaubst du, sie halten ihr Wort?“, fragte einer unserer Männer.

„Ich weiß es nicht“, antwortete mein Vater. „Schon einmal kamen Männer aus dem Norden zu uns. Doch sie brachten uns nichts als Unglück.“

Keiner von unserem Stamm ging in das Lager der Fremden und keiner von den Fremden kam in unser Dorf. Dennoch wussten wir viel über sie. Wir beobachteten sie von früh bis spät bei der Otterjagd. Wir sahen, wie sie sich kleideten und was sie am Abend aßen. Eines Morgens kam Ramo angelaufen. Er rief aufgeregt: „Die Fremden bauen ihre Zelte ab!“ Nun war es also so weit. Die Fremden reisten ab. Wir fragten uns alle, ob sie die Felle bezahlen würden.

Fortsetzung folgt

1. **Erzählt ein Mädchen oder ein Junge die Geschichte? Beantworte die Frage mit einem vollständigen Satz.**

   Tipp: Lies noch einmal Seite 12.

   ____

2. **Die Insel der blauen Delfine gehört zu Amerika.**

a) **Lies den folgenden Sachtext.**

> Die Ureinwohner Amerikas heißen **Indianer**.
> Indianer leben in großen Gruppen zusammen.
> Diese Gruppen nennt man **Stamm**.
> Der Chef eines Stamms heißt **Häuptling**.

b) **Vervollständige nun die Sätze.**

Die Ureinwohner Amerikas heißen ______________.

Eine Indianergruppe nennt man ______________.

Der Chef eines Stamms heißt ______________.

3. In dem Stamm des Mädchens haben alle Menschen zwei Namen: einen Namen, den alle kennen, und einen geheimen Namen.

Tipp: Lies die Zeilen 9 bis 11 auf Seite 12.

a) Wie lautet der Name des Mädchens, den alle kennen?
Ergänze die fehlenden Vokale (Selbstlaute).

W□n-□-p□-l□□

b) Wie lautet der geheime Name des Mädchens?
Ergänze die fehlenden Vokale.

K□r□n□

4. Der Name, den alle kennen, beschreibt ein Merkmal der Person, die den Namen trägt: Won-a-pa-lei bedeutet zum Beispiel „Das Mädchen mit den langen schwarzen Haaren“.
Stell dir vor, du würdest zu dem Stamm gehören.
Welche Bedeutung hätte dein Name?
Schreibe auf die Linie.

____

5. Die Fremden aus dem Norden kommen auf die Insel, um Otter zu fangen. Lies den folgenden Sachtext über Otter.

Otter leben an Land und im Wasser. Sie haben einen schlanken Körper und einen flachen, breiten Kopf. Die Augen und die Ohren sind klein. Die kurzen Beine haben Schwimmhäute. Das weiche, dichte, kurze Fell der Otter glänzt. Weil es kostbar ist, wurden Otter früher häufig gejagt.

6. Auf welchem Bild ist ein Otter abgebildet? Kreuze das richtige Bild an.

❑ 

❑ 

❑ 

Kapitel 3

An dem Tag, als die Fremden die Insel verließen, schien die Sonne nicht. Von Norden her kamen große Wellen angerollt. Ein Sturm kündigte sich an. Kapitän Orloff hatte meinem Vater noch immer nichts für die Otterfelle gegeben. Unser ganzer Stamm eilte zur Bucht. Vorn liefen die Männer mit ihren Waffen. Sie sprangen auf den Felsen, der die Bucht umschloss.

Die Frauen versteckten sich hinter dem Felsen.

Mein Vater sprach mit dem Kapitän. Dann schüttelte er den Kopf.

„Er ist zornig“, flüsterte Ramo mir zu.

„Noch nicht“, antwortete ich. „Wenn er richtig zornig ist, kratzt er sich am Ohr.“

Das Boot der Fremden war mit Otterfellen beladen.

Die Fremden fuhren zum Schiff hinüber. Als sie zurückkamen, brachten sie eine Kiste an den Strand.

Der Kapitän öffnete sie. Glasperlen glitzerten darin.

Mein Vater schüttelte abermals den Kopf.

Die Männer verluden die restlichen Otterfelle.

„Eine Kiste ist nicht genug!“, schimpfte mein Vater nun laut.

Der Kapitän wollte weitere Kisten vom Schiff holen lassen. Mein Vater bestand darauf, dass die Otterfelle so lange an Land blieben. Schließlich waren sie noch nicht bezahlt.

Mein Vater und der Kapitän begannen zu streiten.

Plötzlich ging alles sehr schnell: Mein Vater versperrte den Fremden den Weg. Dann stürzte er zu Boden.

Plötzlich sprangen unsere Männer mit erhobenen Speeren von dem Felsen hinunter.

Die Fremden und unsere Männer fielen übereinander her. Es gab ein großes Durcheinander.

Einige Männer stürzten in den Sand und sprangen

wieder auf. Andere brachen zusammen und blieben liegen. Einer davon war mein Vater.

Erst sah es so aus, als würden wir den Kampf gewinnen. Aber dann fuhr Kapitän Orloff mit dem Boot zum Schiff hinüber. Er kam mit neuen Männern zurück. Sie drängten unsere Männer gegen den Felsen. Der Wind wurde plötzlich heftiger. Kapitän Orloff und seine Männer sprangen in das Boot. Kurz darauf erreichten sie ihr Schiff. Die roten Segel blähten sich auf und das Schiff fuhr davon. Unsere Männer hatten den Kampf verloren.

Ich lief mit den Frauen zum Strand. Mein Vater lag in der Bucht. Die Wellen schlugen über ihn hinweg. Musste er sterben, weil er dem Kapitän seinen geheimen Namen gesagt hatte? Hatte er dadurch seine Stärke verloren? „Hätte er den Namen doch nicht gesagt!“, dachte ich. Ich nahm Ramo fest in den Arm. Von den zweiundvierzig Männern unseres Stammes lebten nur noch fünfzehn. Sieben davon waren alte Männer. Jede Frau hatte wenigstens einen Vater, einen Ehemann, einen Bruder oder einen Sohn im Kampf verloren. Viele Tage war es im Dorf völlig still. Wir verließen die Hütten nur, um Nahrung zu suchen. Was wir fanden, aßen wir schweigend. Die Trauer war unendlich groß. Kaum jemand im Dorf lachte noch. Uns waren nur die Erinnerungen an die Verstorbenen geblieben.

Eines Morgens versammelte sich der Stamm. Kimki, einer der ältesten Männer unseres Stammes, wurde zum neuen Häuptling gewählt. Er trat an die Stelle meines Vaters. Kimki sprach zu uns:

„Die meisten unserer Jäger sind nicht mehr am Leben. Die Frauen müssen nun auch ihre Arbeit übernehmen. Alle werden sehr hart arbeiten müssen. Denn wenn nicht alle mithelfen, müssen alle untergehen.“

Kimki gab jedem von uns eine bestimmte Aufgabe. Ich war mit einigen anderen Frauen zusammen für die Nahrungssuche eingeteilt.

Fortsetzung folgt

1. **Die Fremden bauen ihre Zelte ab. Ist zwischen den Inselbewohnern und den Fremden alles in Ordnung? Unterstreiche die richtige Antwort.**

Ja, zwischen den Inselbewohnern und den Fremden ist alles in Ordnung.

Nein, denn Kapitän Orloff hat dem Häuptling Chowig noch immer nichts für die Otterfelle bezahlt.

2. **Welche beiden Nomen (Namenwörter) passen zu dem, was am Strand passiert? Kreise sie ein.**

der Friede

der Kampf

der Streit

die Freude

3. Was passiert, als die Fremden abreisen wollen?

a) Kreuze zunächst an, wie die Sätze richtig enden.

b) Trage nun die blauen Buchstaben hinter den richtigen Satzenden nacheinander in die leeren Kästchen der Lösung ein.

Die Fremden haben mit dem Häuptling

- ☐ nicht über die Bezahlung der Otter verhandelt. O
- ☐ über die Bezahlung der Otter verhandelt. A

Die Fremden wollen abreisen,

- ☐ ohne für die Otter zu bezahlen. M
- ☐ ohne für den Aufenthalt zu bezahlen. N

Der Häuptling findet, eine Kiste Glasperlen ist

- ☐ als Bezahlung genug. R
- ☐ als Bezahlung zu wenig. P

Als die beiden sich streiten, wird der Häuptling

- ☐ verletzt. F
- ☐ nicht verletzt. L

Lösung: Als die Fremden abreisen wollen, kommt es zwischen ihnen und den Inselbewohnern zu einem [K] [ ] [ ] [ ] [ ] .

4. Kapitän Orloff und der Häuptling streiten sich über die Bezahlung der Otterfelle. Wie hätte der Streit verhindert werden können? Schreibe in vollständigen Sätzen in dein Heft.

Tipp: Die Wortgruppen im Kasten helfen dir.

Die Fremden: Otterfelle vor der Abreise bezahlen / mehrere Kisten mit Edelsteinen und Werkzeugen als Bezahlung geben
Die Inselbewohner: den Fremden die Otterfelle schenken / auf die Bezahlung verzichten

5. Die Sätze sind durcheinander geraten.

a) Nummeriere sie in der richtigen Reihenfolge.

b) Schreibe sie in der richtigen Reihenfolge in dein Heft.

☐ Die meisten sterben im Kampf, auch der Häuptling Chowig.

☐ Die männlichen Inselbewohner kämpfen gegen die Fremden.

☐ Kimki gibt jedem eine bestimmte Aufgabe.

☐ Der Stamm wählt Kimki zum neuen Häuptling.

6. Welche Verben (Tuwörter) passen zu der traurigen Stimmung auf der Insel? Kreise sie ein.

trauern lachen klagen

jammern freuen

jubeln schweigen weinen

7. Verben können zu Nomen werden.

a) Schreibe drei Verben der Aufgabe 6 auf die Linien vor die Pfeile.

b) Nun bilde jeweils das Nomen zu den Verben. Schreibe die Nomen hinter die Pfeile.

Tipp: Verben werden zu Nomen, indem du einen Artikel (Begleiter) davor setzt. Nomen schreibt man groß.

trauern → das Trauern

______ → ______

______ → ______

______ → ______

Kapitel 4

Als es Frühling wurde, rief Kimki den Stamm zusammen. Er sagte:

„Ich habe lange nachgedacht. Ich werde aufbrechen, um uns im Osten ein neues Land zu suchen. Ich gehe allein. Aber ich werde zurückkommen, um euch zu holen."

Kimki machte das große Kanu für die Fahrt bereit. Am nächsten Tag lenkte er es aufs offene Meer hinaus.

Die Wochen vergingen. Tag und Nacht hielten unsere Wachen von einem Hügel aus nach Kimki Ausschau. Doch er kam nicht wieder.

Mit jedem Tag wuchs unsere Angst. Was sollten wir tun, wenn die Fremden aus dem Norden zurückkehrten? Wir hatten zu wenige Männer, um uns gegen sie zu verteidigen. Wir überlegten uns Folgendes: Sobald das Schiff mit den roten Segeln in Sicht kam, wollten wir von der Insel fliehen. Deshalb verstauten wir rechtzeitig Essens- und Trinkvorräte in unseren Kanus. Diese versteckten wir zwischen den Felsen im Süden der Insel.
In einer klaren Mondnacht kam einer der Wächter ins Dorf gelaufen. „Die Fremden!“, brüllte er. „Die Fremden kommen zurück!“

Die Angst im Dorf war groß. Schnell verließen wir das Dorf. Da kam uns ein anderer Wächter entgegen.

„Das Schiff gehört nicht den Fremden aus dem Norden“, sagte er. „Die Männer auf dem Schiff kommen von Kimki. Sie kommen aus dem Osten. Sie wollen uns holen.“

Das war eine gute Nachricht. Doch was wussten wir über diese Männer? Wohin würden sie uns bringen? Kimki war nicht an Bord. Aber er hatte die Männer zu uns geschickt.

Nun packten alle ihre Körbe. Auch ich packte meine Sachen: drei Nähnadeln aus Walfischknochen, ein Steinmesser, zwei Kochtöpfe und eine Schachtel aus Muschelschalen.

„Los, alle in die Boote! Das Schiff wartet nicht!“, rief einer der Männer.

Der Wind wehte heftig, als wir das Dorf verließen.

Das Schiff lag draußen vor der Bucht. Es konnte nicht näher an die Küste herankommen. Die Wellen waren zu hoch. Am Strand lagen zwei Boote.

Daneben standen vier Männer. Einer winkte. Wir sollten schneller laufen.

Ramo lief weit vorn. Doch plötzlich drehte er sich wieder um. Er hatte seinen Speer vergessen.

Ich rief ihm zu: „Ramo, du kannst nicht zurück!

4

Das Schiff legt gleich ab!“

Ramo lief wieder auf das Schiff zu. Es war ein großes Durcheinander.

Als ich in das zweite Boot stieg, hatte das erste bereits abgelegt. „Hast du Ramo gesehen?“, fragte ich einen unserer Männer.

„Ja“, antwortete er. „Ramo ist in das erste Boot gestiegen. Er ist bestimmt schon auf dem Schiff.“

Das Wasser schäumte. Das Boot tanzte wild auf den Wellen. Schließlich erreichte es das große Schiff. Ich kletterte an Bord. Sofort suchte ich nach Ramo. Doch ich fand ihn nicht. Ich war außer mir vor Angst. Dann blickte ich zur Insel zurück. Ich sah Ramo auf einem Felsen stehen. Er hielt seinen Speer in der Hand.

Das Schiff setzte sich in Fahrt.

„Halt!“, schrie ich. „Wir müssen warten! Mein Bruder ist noch auf der Insel!“

Ich lief auf einen der Männer zu und zeigte auf Ramo. Aber der Mann schüttelte den Kopf. Das Schiff entfernte sich immer weiter von der Küste.

Ich überlegte nicht lange. Ich sprang kopfüber in das aufgewühlte Meer. Die Wellen schlugen über meinem Kopf zusammen. Während ich schwamm, dachte ich nur an Ramo.

Fortsetzung folgt

1. **Auf der Insel werden die Inselbewohner nicht mehr fröhlich. Warum nicht?**

a) **Verfolge den blauen Faden, der bei „Auf“ anfängt. Lies dabei die einzelnen Wörter.**

b) **Schreibe nun die Antwort in dein Heft.**

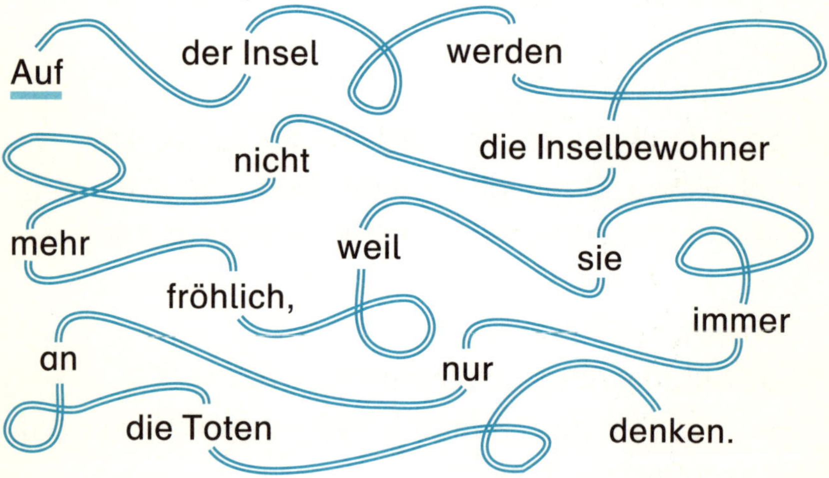

2. **Ein Schiff holt die Inselbewohner ab. Nun packen alle ihre Körbe. Was packt Won-a-pa-lei ein? Vervollständige die Liste auf Seite 31 oben.**

Tipp: Lies noch einmal die Zeilen 36 bis 39 auf Seite 28.

Won-a-pa-lei packt ein:

- drei ______________________ aus Walfischknochen,
- ein ______________________,
- zwei ________________,
- eine ________________ aus Muschelschalen.

3. Was würdest du auf jeden Fall einpacken, wenn du dein Zuhause plötzlich verlassen müsstest? Schreibe eine Liste.

Ich packe ein:

- ______________________________,
- ______________________________,
- ______________________________,
- ______________________________.

**4. Alle Inselbewohner laufen zu den beiden Booten, die am Strand warten. Die Boote bringen sie zum Schiff hinüber.
Was passiert noch?
Trage jeweils das richtige Wort oder die richtige Wortgruppe in die Lücke ein.**

Won-a-pa-lei fährt ________ dem zweiten Boot
unter / mit

zu dem großen Schiff hinüber.

Da bemerkt sie, dass ________________ fehlt.
Ramo / einer der Männer

Er war zurückgelaufen, weil er

seinen ____________ vergessen hatte.
Kuschelbär / Speer

Nun steht er allein auf einem ____________.
Teppich / Felsen

Won-a-pa-lei ____________ ins Wasser und
spuckt / springt

schwimmt zurück an Land.

Während sie schwimmt, denkt sie nur

an ______________ .
etwas zu essen / Ramo

5. Warum springt Won-a-pa-lei vom Boot hinunter und schwimmt wieder zurück zur Insel? Erkläre es mit eigenen Worten. Schreibe dazu in vollständigen Sätzen auf die Linien.

6. Welches Adjektiv (Wiewort) passt nach deiner Meinung am besten zu Won-a-pa-leis Verhalten? Kreise es ein.

mutig leichtsinnig fürsorglich

dumm treu normal

7. Wie hättest du an Won-a-pa-leis Stelle gehandelt? Sprecht in der Klasse darüber.

Kapitel 5

Ich war froh, als ich wieder festen Boden unter den Füßen hatte. Ramo stand am Strand. Er sah klein und verlassen aus. Ich fiel auf die Knie und zog ihn in meine Arme. Das große Schiff war verschwunden.

„Wann kommt das Schiff zurück?“, fragte Ramo.

„Bald“, antwortete ich.

Wir gingen ins Dorf. Zunächst suchten wir uns etwas zu essen. Ich sammelte Möweneier und

Ramo ging fischen. Zum Kochen benutzte ich ein paar hohle Steine. Alle Töpfe waren auf dem Schiff.

Als Ramo und ich beim Feuer saßen, kamen die wilden Hunde. Sie hatten bestimmt den Duft der gebratenen Fische gerochen. Knurrend und bellend standen sie ums Dorf herum. In der Nacht hörten wir sie um die Hütten schleichen.

Am nächsten Morgen waren die Hunde fort.

Ramo und ich gingen zur Bucht.

„Kommt das Schiff heute wieder?“, fragte Ramo.

„Vielleicht“, antwortete ich. Doch ich glaubte es nicht wirklich.

„Es würde mir nichts ausmachen, wenn das Schiff nie wieder käme“, sagte er. „Es gefällt mir, so allein mit dir zu leben.“

Am nächsten Tag sammelten wir Abalone. Das sind rote Muscheln. Sie sitzen an den Küstenfelsen.

Wir kochten die Muscheln. So schmeckten sie uns köstlich. Während wir aßen, schlichen die Hunde wieder um das Dorf.

„Morgen hole ich ein Kanu und bringe es in die Bucht“, sagte Ramo. „Wir brauchen es zum Fischen.“

„So ein Kanu ist zu schwer für dich allein.“

Ich versuchte, meinem Bruder das Vorhaben auszureden. „Du bist noch viel zu klein.“

Doch Ramo warf sich in die Brust:

„Ich bin der Sohn des Häuptlings Chowig. Und ich bin der neue Häuptling. Morgen hole ich das Kanu!“

Ich wollte Ramo auf keinen Fall allein gehen lassen.

Als ich jedoch am nächsten Morgen erwachte, war er fort.

Auf einmal hatte ich Angst. Die Kanus waren im Süden der Insel zwischen den Felsen versteckt. Wie sollte Ramo ein Kanu allein ins Wasser ziehen? Und wenn er es schaffte? Würde er damit sicher zur Bucht gelangen? Es gab gefährliche Strudel im Meer.

Ich dachte nach. Sollte ich ihm nachgehen? Oder sollte ich lieber warten?

Ich beschloss, in der Bucht auf ihn zu warten. Ich suchte stundenlang Muscheln für das Abendessen.

Doch Ramo kam nicht. Deshalb ging ich ins Dorf zurück. Aber auch hier war Ramo nicht.

Ich grub ein Loch und legte die Muscheln hinein.

Dann schob ich einen großen Stein auf das Loch. So waren die Muscheln vor den wilden Hunden sicher.

Schließlich ging ich los, um Ramo zu suchen.

Fortsetzung folgt

**1. Won-a-pa-lei und Ramo sind allein auf der Insel.
Beantworte die Fragen.
Trage die Buchstaben der gesuchten Wörter in die passenden Kästchen ein.**

Hunde / Kanu / fischen / Schiff

Wo sind die restlichen Inselbewohner?

auf dem großen ☐☐☐☐☐☐

Wer schleicht in der Nacht um die Hütten?

die wilden ☐☐☐☐☐.

Was will Ramo ganz allein holen?

das ☐☐☐☐

Wozu brauchen die Geschwister das Kanu?

Sie wollen ☐☐☐☐☐☐☐.

2. **Im Kapitel kommt diese Redewendung vor:**
   „Ramo warf sich in die Brust“.
   Was bedeutet sie?

a) **Lies zunächst noch einmal die Zeilen 31 bis 39 auf den Seiten 35 und 36.**

b) **Kreuze nun die passende Erklärung für die Redewendung an.**

- ❑ Ramo kuschelt sich in den Arm der Schwester. Er will ihr zeigen, dass er ihrer Meinung ist.
- ❑ Ramo will der Schwester klar machen, dass er sehr wohl groß genug ist, um das Kanu allein zu holen.

c) **Ramo sagt stolz:**
   „Ich bin der Sohn des Häuptlings Chowig.“
   Welche Geste oder Bewegung könnte er dabei machen?
   Spielt euch alle passenden Gesten vor, die euch einfallen.

3. Am Morgen ist Ramo verschwunden. Was macht Won-a-pa-lei?

a) Lies die beiden Sätze im Kasten.

b) Sieh dir die Bilder genau an.

c) Schreibe jeweils den passenden Satz unter das Bild.

Erst wartet Won-a-pa-lei in der Bucht auf Ramo.
Schließlich geht Won-a-pa-lei los, um ihren Bruder zu suchen.

Kapitel 6

Ich rief nach Ramo. Doch er antwortete mir nicht. Da hörte ich in der Ferne Hunde bellen. Ich lief weiter. Das Kläffen wurde immer lauter. Von einem Hügel aus sah ich das Rudel. Zwischen den Hunden entdeckte ich Ramo. Er lag auf dem Rücken. Ich sah seine Wunde am Hals. Ramo bewegte sich nicht. Als ich mich näherte, wichen die Hunde zurück. Ich hob Ramo auf. Er war tot. Neben ihm lagen zwei tote Hunde und Ramos zerbrochener Speer.

Ich trug Ramo ins Dorf. Die Hunde folgten mir mit Abstand. Ihr Anführer war ein großer, grauer Hund mit gelben, schmalen Augen. Die ganze Nacht wachte ich neben meinem Bruder. Ich war wütend und traurig zugleich. Ich beschloss, seinen Tod zu rächen. Eines Tages wollte ich die Hunde alle umbringen. Ohne Ramo war ich ganz allein auf der Insel.

Es vergingen viele Tage. Ich überlegte, was ich tun sollte. Dann fasste ich einen Entschluss: Ich wollte nicht länger im Dorf wohnen. Hier erinnerte mich alles zu sehr an die Menschen, die mich verlassen hatten. Ich legte ein Feuer und brannte das ganze Dorf nieder. Dann machte ich mich auf den Weg. Außer einem Korb voller Lebensmittel nahm ich nichts mit. Ich kam schnell voran. Am Abend suchte ich mir auf einem hohen Felsen einen Platz zum Schlafen. Dort blieb ich. Hier war ich auch nachts vor den Hunden sicher. In den nächsten Tagen fertigte ich mir einige Waffen an. Ich brauchte sie zum Jagen und zur Verteidigung. Dabei verging viel Zeit. Ich schnitzte aus einem langen Ast einen Speer. Die Pfeile baute ich aus dünnen Ästen und scharfen Steinen als Spitze. Den Bogen fertigte ich zuletzt an.

6

Ich übte fleißig das Bogenschießen und das Speerwerfen. Mit dem Speer fing ich auch Fische. Von nun an trug ich immer eine Waffe bei mir.

Auf meinem Felsen fühlte ich mich wohl. Die Sterne leuchteten nachts über mir. Und am Morgen sah ich die Möwen am Himmel. Jeden Tag beobachtete ich das Meer. Doch es kam kein Schiff aus Osten in Sicht.

Als der erste Wintersturm begann, gab ich die Hoffnung auf. Jetzt würde sich kein Schiff mehr hierher wagen. Ich musste warten, bis der Winter vorbei war.

Mit einem Mal fühlte ich mich sehr verlassen. Und ich hatte Angst. Ich war ganz allein. Nachts träumte ich von schrecklichen Dingen. Ich musste etwas tun.

Ich wollte mit einem Kanu in das Land im Osten fahren. Ich wusste nicht, wie lange ich unterwegs sein würde. Und mir konnte während der Fahrt viel passieren. Doch ich fürchtete mich nicht. Alles war leichter zu ertragen als das Alleinsein, ohne Familie, ohne Freunde und von wilden Hunden bedroht.

Ich ging zu der Stelle, wo die Kanus lagen. Ich suchte mir das kleinste aus. Mit aller Kraft schob ich es ins Wasser. Ich kletterte hinein und begann zu paddeln.

Fortsetzung folgt

1. Won-a-pa-leis Bruder wurde von den wilden Hunden getötet.
   Wie ist Won-a-pa-lei?
   Kreise die passenden Adjektive ein.

einsam fröhlich

traurig zornig

glücklich

wütend zufrieden

2. Aus manchen Adjektiven können Nomen werden.
   Die Endungen -heit und -keit machen aus diesen Adjektiven Nomen.
   Bilde drei Nomen.
   Schreibe sie hinter die Artikel auf die Linien.

   Tipp: Nomen werden großgeschrieben.

zufrieden → die ______________________

einsam → die ______________________

fröhlich → die ______________________

3. Bei den Antwortsätzen sind die Satzteile durcheinander geraten. Schreibe sie in der richtigen Reihenfolge auf.

Tipp: Der Satzanfang ist unterstrichen. Hinter dem letzten Wort eines Satzes steht ein Punkt.

Was will Won-a-pa-lei eines Tages tun, um den Tod ihres Bruders zu rächen?

die Hunde	umbringen.	<u>Sie</u>	will

___

Welchen Entschluss fasst Won-a-pa-lei noch?

im Dorf	wohnen.	<u>Sie</u>	will	nicht länger

___

4. Won-a-pa-lei will den Tod ihres Bruders rächen und die Hunde umbringen. Kannst du verstehen, dass sie so denkt? Und findest du es richtig? Sprecht in der Klasse darüber.

5. Das Dorf erinnert Won-a-pa-lei an die traurigen Dinge, die passiert sind. Was tut sie, um die Erinnerungen zu vergessen? Streiche den falschen Satz durch.

Sie brennt das menschenleere Dorf nieder und fängt woanders neu an.

Sie bleibt im Dorf wohnen und weint den ganzen Tag.

6. Sind die Sätze richtig oder falsch? Kreuze jeweils an.

	richtig	falsch
Won-a-pa-lei schläft nachts in einer Höhle.	❑	❑
Sie baut sich Waffen.	❑	❑
Es kommt ein Schiff vorbei.	❑	❑
Won-a-pa-lei baut ein großes Segelschiff.	❑	❑
Sie fährt mit einem kleinen Kanu Richtung Osten.	❑	❑

Kapitel 7

Das Meer war ruhig. Ich paddelte so schnell ich konnte. Dann schlug mir plötzlich der Wind entgegen. Ich musste dagegenhalten. Das Kanu durfte nicht von den Wellen abgetrieben werden. Sonst würde ich das Land im Osten niemals erreichen.

Schon bald ging die Sonne unter. Ich schaute zurück. Die Insel der blauen Delfine war verschwunden. Jetzt bekam ich doch ein wenig Angst. Rings um mich war nichts als Wasser.

Ich hörte auch kaum einen Laut. Nur das glucksende Geräusch des Meeres drang in meine Ohren. Einige Wellen strichen an der Bootswand entlang, andere schlugen gegen sie. Erst als die Sterne am Himmel leuchteten, wurde ich wieder froher.

Später ließ der Wind nach. Das bedeutete, dass die erste Hälfte der Nacht vorbei war.

Ich machte eine kurze Pause. Da entdeckte ich plötzlich Wasser im Kanu. Es musste von unten eingedrungen sein. Ich begann hastig, das Wasser aus dem Boot zu schöpfen. Anschließend tastete ich über die Planken und fühlte ein Leck am Bug.

Ich riss ein Stück aus meinem Rock. Er war aus großen Blättern genäht. Schnell stopfte ich das Loch mit den Blättern zu.

Als ich endlich fertig war, wurde es wieder Tag.

Ich war ein gutes Stück von meiner Richtung abgekommen. Ich paddelte weiter. „Noch eine Nacht“, dachte ich. „Und vielleicht noch einen Tag. Dann kommt die neue Küste.“

Kurz darauf erschrak ich: Ich entdeckte ein zweites Leck. Wahrscheinlich hatte das Kanu an Land zu lange in der Sonne gelegen und das Holz war ausgetrocknet. Das Wasser ließ das Holz nun zersplittern. Immer größere Risse taten sich auf. Bei stärkeren Wellen konnte das Kanu auseinander brechen. Es war zu gefährlich, weiter in Richtung

Osten zu fahren. Ich zögerte kurz. Dann ergriff ich das Paddel und wendete. Der Wind blies mir ins Gesicht. Ich musste immer wieder Wasser aus dem Boot schöpfen. Ich war müde. Doch dann sah ich plötzlich die Delfine. Es hieß, Delfine bringen Glück. Ich war sehr froh, dass sie mich begleiteten. Nun war ich nicht mehr so allein.

Als die Sonne abermals unterging, verschwanden die Delfine. Die zweite Nacht kam mir länger vor als die erste. Zweimal schlief ich kurz ein. Die restliche Zeit paddelte ich oder schöpfte das Wasser aus dem Kanu. Als der Morgen endlich kam, sah ich meine Insel, die Insel der blauen Delfine. Ich kletterte aus dem Kanu. Mit letzter Kraft kroch ich an den Strand. Meine Beine waren steif. Die Hände bluteten. Lange Zeit lag ich einfach nur da. Dann schlief ich ein.

Fortsetzung folgt

1. Im Kapitel kommen in einem Satz drei schwierige Wörter vor.

a) Lies den Satz erneut. Die schwierigen Wörter sind markiert.

„Anschließend tastete ich über die Planken und fühlte ein Leck am Bug."

b) Lies die Erklärung zu jedem schwierigen Wort.

die Planken = die Bretter
ein Leck = ein Loch
am Bug = am Vorderteil des Schiffes

c) Schreibe den Satz noch einmal auf. Ersetze dabei die schwierigen Wörter durch die Erklärung.

2. Welches Tier versteckt sich in den Feldern auf Seite 51?

a) Kreuze zunächst die richtigen Antworten an.

b) Hinter den richtigen Antworten stehen Zahlen. Diese Zahlen stehen auch in einigen Feldern in dem Bild auf Seite 51. Male nur diese Felder blau aus.

Was entdeckt Won-a-pa-lei in der ersten Nacht?

- ❑ Wasser im Boot 1
- ❑ Fische im Boot 2
- ❑ eine neue Küste 3

Wie repariert Won-a-pa-lei das Leck im Kanu?

- ❑ Sie klebt es zu. 4
- ❑ Sie stopft es mit Blättern zu. 5
- ❑ Sie nagelt es zu. 6

Was entdeckt Won-a-pa-lei am zweiten Tag?

- ❑ ein zweites Kanu auf dem Meer 7
- ❑ ein zweites Leck im Kanu 8
- ❑ eine zweite Insel 9

Was macht Won-a-pa-lei am zweiten Tag?

- ❑ Sie paddelt weiter. 10
- ❑ Sie kehrt um. 11
- ❑ Sie lässt das Kanu treiben. 12

Welche Tiere begleiten Won-a-pa-lei ein Stück auf ihrer Rückfahrt?

- ❑ Wale 13
- ❑ Haie 14
- ❑ Delfine 15

Wie geht es Won-a-pa-lei, als sie wieder auf der Insel angekommen ist?

- ❑ Sie ist gesund und munter. 16
- ❑ Sie ist erschöpft und müde. 17
- ❑ Sie ist fröhlich und erleichtert. 18

Kapitel 8

Mir kam es so vor, als wäre ich sehr lange fort gewesen. Ich war froh, wieder zu Hause zu sein. Freudig lief ich zu meinem Felsen. Alles, was ich sah, machte mich glücklich. Doch als ich über das weite Meer blickte, bekam ich wieder Angst.

Ich musste so lange auf der Insel bleiben, bis mich die Männer aus dem Osten abholten. So lange war meine Heimat hier, auf der Insel der blauen Delfine. Eine andere Heimat besaß ich nicht. „Ich brauche ein Dach über dem Kopf", dachte ich laut. „Ich brauche einen Ort, an dem ich Vorräte lagern kann. Ich werde mir ein Haus bauen!" Am Fuße des Felsens fand ich einen geeigneten Platz.

Ich lief hinunter zum Strand. Vor vielen Jahren waren zwei Wale auf der Insel gestrandet. Es lagen noch immer Teile ihrer Knochen am Strand. Die Knochen waren lang und am Ende gebogen. Sie eigneten sich gut für einen Zaun. Ich trug sie zum Felsen. Ich steckte viele Knochen in die Erde. Dann band ich sie mit kräftigen Gräsern zusammen. Schon bald war der Zaun fertig. Zum Schluss grub ich noch ein Loch unter dem Zaun hindurch. Das war mein Eingang. Ich versperrte ihn mit einem schweren Stein. So waren meine Vorräte vor den Hunden und anderen wilden Tieren sicher.

In den nächsten Monaten errichtete ich das Haus. Die Arbeit war schwierig. Es gab nämlich nur wenig Holz auf der Insel. Deshalb baute ich die beiden Seitenwände des Hauses an den Felsen. Durch den Felsen sparte ich das Holz für die Rückwand. Nach vorn ließ ich das Haus offen, denn von dort kam der Wind nur selten. Das Dach machte schließlich am meisten Arbeit. Es war ebenfalls aus Holz gebaut. Als es fertig war, bedeckte ich es mit großen Blättern.

Erst als der Winter schon fast vorbei war, stand das Haus. Ich schlief nun jede Nacht darin. Ich fühlte mich hinter dem Zaun sicher und geborgen. Das Haus schützte mich vor dem Wind, dem Regen und den wilden Tieren. Ich kochte jeden Tag ein Essen: mal Muscheln, mal Fisch und im Frühjahr Wurzeln und Kräuter. Ein Loch in der Erde, in das ich Steine gelegt hatte, war die Feuerstelle. Als Töpfe benutzte ich zwei große hohle Steine. Ich hatte alles, was ich zum Leben brauchte.

Fortsetzung folgt

1. **Won-a-pa-lei baut sich eine Feuerstelle aus Steinen. Als Kochtöpfe benutzt sie Steine, die innen hohl sind. Sie kocht Muscheln, Fisch, Wurzeln und Kräuter.**
   Welches Bild passt dazu?
   Male das passende Bild farbig aus.

2. **Won-a-pa-lei hat alles, was sie zum Leben braucht.**
   Überlege einmal selbst:
   Was brauchst du dringend zum Leben?
   Worauf könntest du auf keinen Fall verzichten?
   Schreibe vier Dinge auf die Linien.

3. Wie lauten die Sätze richtig?

a) Übermale mit einem Bleistift jeweils die Wortgruppe, die nicht richtig ist.

b) Schreibe dann die Sätze richtig in dein Heft.

Won-a-pa-lei baut einen Zaun aus

Tintenfischringen **Walfischknochen** .

Die Knochen sind **lang** **kurz** .

Der Eingang ist ein Loch unter dem Zaun.

Er wird **nicht** **mit einem schweren Stein**

verschlossen.

Won-a-pa-lei baut ein Haus

an einen Baum **an den Felsen** .

Das Haus ist aus **Stein** **Holz** .

Die Vorderseite des Hauses ist **zugebaut** **offen** .

4. Male ein Bild von Won-a-pa-leis Haus in den Rahmen auf Seite 57.

Kapitel 9

Die Arbeit an dem Haus hatte mich von den traurigen Gedanken an meinen Bruder abgelenkt. Doch ich konnte nicht vergessen, dass die wilden Hunde Ramo getötet hatten. Und ich befürchtete, dass sie auch mich töten würden.

Ich wollte unbedingt etwas gegen die Hunde unternehmen. Um gegen sie zu kämpfen, brauchte ich aber mehr und bessere Waffen.

Aus einem Ast fertigte ich mir einen neuen Bogen an. Mit ihm konnte ich viel weiter schießen.

Ich traf auch besser. Am Strand suchte ich nach einem scharfen Stein für eine gute Speerspitze. Nachdem ich sie gefunden hatte, machte ich mich auf den Heimweg.

Plötzlich hörte ich ein gefährliches Knurren hinter mir in einem Gebüsch. Ich lief so schnell ich konnte. Doch nach wenigen Metern stolperte ich. Ich fiel hart auf den Boden. Mein Knie tat furchtbar weh. Ich blieb einen Moment lang liegen und schaute mich ängstlich um. Doch es war nichts zu sehen. Schließlich schleppte ich mich zum Haus zurück.

Ich schob den schweren Stein beiseite. Dann kroch ich durch das Loch im Zaun. Mein Knie schmerzte immer mehr. Schon bald konnte ich das Bein nicht mehr bewegen.

Fünf Tage lang lag ich in meiner Hütte. Ich hatte genug zu essen. Aber dann ging das Trinkwasser aus. Ich musste mich auf den Weg zu der Wasserstelle machen. Ich nahm den Bogen und einen Speer mit.

Ich humpelte stark und kam nur langsam voran. Plötzlich entdeckte ich neben mir im Gebüsch einen grauen Hundekopf. Es war der Anführer des Rudels. Die anderen Hunde waren sicher nicht weit. Ich griff nach dem Bogen. Doch der Kopf war schon wieder verschwunden.

Langsam humpelte ich weiter. Immer wieder hielt ich an und sah mich um. Es war nichts zu sehen. Ich lauschte. Kein Rascheln war zu hören. Aber ich wusste, dass die Hunde in meiner Nähe waren. Sie warteten wahrscheinlich nur auf einen günstigen Moment, um mich anzugreifen.
Nach einiger Zeit erreichte ich die Wasserstelle. Das Wasser sprudelte aus einer Felsspalte. Ich trank in vollen Zügen. Danach fühlte ich mich ein wenig besser.
Ich setzte mich auf einen Stein. Da entdeckte ich in einem Felsen in der Nähe den Eingang einer Höhle. Dort wollte ich mich ausruhen. In der Höhle fühlte ich mich vor den Hunden sicher. Ich blieb bis zum nächsten Morgen. Die Schmerzen im Knie ließen immer mehr nach.

Die Höhle war ein gutes Versteck. Außerdem lag sie in der Nähe der Wasserstelle. Auf dem Rückweg zu meinem Haus beschloss ich, sie als zweite Wohnung zu nutzen. Ich richtete sie in den nächsten Wochen mit dem Nötigsten ein: mit einem Schlafplatz, einigen Vorräten und getrockneten Heilpflanzen. Danach fertigte ich drei gute Speere an. Ich wollte endlich etwas gegen die Hunde unternehmen.

Fortsetzung folgt

1. Warum will Won-a-pa-lei gegen die wilden Hunde kämpfen?

a) Lies noch einmal den Anfang des Kapitels. Dort werden zwei Gründe genannt.

b) Schreibe die beiden Gründe auf.

Tipp: Die Satzanfänge helfen dir.

1. Grund: *Won-a-pa-lei kann nicht vergessen, dass* __________

____

____

2. Grund: *Won-a-pa-lei befürchtet, dass* __________

____

____

2. Warum läuft Won-a-pa-lei plötzlich so schnell? Kreuze die richtigen Antworten an.

- ❑ Won-a-pa-lei mag Sport und läuft gern schnell.
- ❑ Won-a-pa-lei hört ein gefährliches Knurren im Gebüsch.
- ❑ Won-a-pa-lei hat Angst, dass ihr ein wilder Hund auflauert.

3. Won-a-pa-lei stolpert und verletzt sich am Knie. Was tut sie danach? Schreibe die richtige Verbform in die Lücke.

Tipp: Die Verben stehen jeweils im Infinitiv (der Infinitiv = die Grundform) unter der Lücke.

Won-a-pa-lei ____________ sich zur Hütte.
(schleppen)

Sie ____________ fünf Tage lang in der Hütte.
(liegen)

Dann ____________ sie den Bogen und einen Speer.
(nehmen)

Damit ____________ sie zur Wasserstelle.
(humpeln)

Unterwegs ____________ sie den Anführer
(sehen)

der wilden Hunde.

Deshalb ____________ sie sich in einer Höhle.
(verstecken)

4. Won-a-pa-lei richtet sich die Höhle in der Nähe der Wasserstelle als zweite Wohnung ein. Male ein Bild von der Höhle auf ein weißes Blatt Papier.

Tipp: Lies die Zeilen 54 bis 62 auf Seite 60.

Kapitel 10

Ich wusste, dass die Hunde in einer Höhle schliefen. Ich versteckte mich in der Nähe. Von meinem Platz aus konnte ich den Eingang der Höhle sehen. Ich wartete, dass die Hunde herauskommen würden. Zuerst wollte ich den Anführer des Rudels töten. So hatte ich es mir überlegt. Er war größer als die anderen.

Es dauerte lange. Schließlich kamen die ersten Hunde aus der Höhle gelaufen. Bald sah ich auch ihren Anführer. Er blieb vor der Höhle stehen. Er blickte genau in meine Richtung. Und im nächsten Moment kam er auf mich zu. Mein erster Pfeil traf ihn in die Brust. Der Hund wich taumelnd zurück und fiel kurz darauf hin. Ich schoss einen zweiten Pfeil ab. Aber er traf nicht. Die anderen Hunde liefen aufgeschreckt auseinander. Ich sah, wie sich der verletzte Hund in ein Gebüsch schleppte. Ich ging vorsichtig in seine Richtung. Dann stand ich vor ihm. Der Pfeil steckte noch in seiner Brust. Der Hund bewegte sich nicht. Ob er tot war? Ich spannte erneut meinen Bogen. Da hob der Hund kurz den Kopf. Was sollte ich tun? Ich zielte. Doch schließlich ließ ich den Bogen wieder sinken.

Ich weiß nicht, warum ich nicht schoss. Ich stand für einige Minuten nur da. Dann hob ich den Hund auf. Ich ging dazu in die Knie und legte seine Beine über meine Schulter. So trug ich ihn nach Hause. Er war sehr schwer. Zu Hause zog ich den Pfeil aus seinem Körper. Ich versorgte die Wunde und stellte dem Hund Wasser hin. Danach ging ich ans Meer.

Den ganzen Tag lang suchte ich Muscheln und fing Fische. Nur einmal dachte ich an den Hund, meinen Feind. Ich fragte mich, warum ich ihn nicht getötet hatte.
Als ich zurückkam, hatte er sich noch nicht von der Stelle gerührt. Vorsichtig goss ich ihm Wasser ins Maul. Er schluckte. Und dann sah er mich an. Er schien sehr schwach und müde zu sein.
Am Abend teilte ich mein Essen mit ihm.
Als ich am nächsten Tag losging, ließ ich das Loch unter dem Zaun offen. Ich hoffte, dass der Hund fortliefe. Doch als ich zurückkehrte, war er noch da. Am Abend saß ich am Feuer. Er legte sich vorsichtig an meine Seite.

Am vierten Tag hatte ich mich bereits sehr an den Gast gewöhnt. Als ich vom Fischen zurückkam, hatte ich Angst, dass er nicht mehr da sein könnte. Aber er wartete schon auf mich. Er sah den Fisch in meiner Hand und wedelte mit dem Schwanz.
Ich nannte den Hund Rontu. Das bedeutete „Fuchsauge“.

Fortsetzung folgt

1. **Am Anfang des Kapitels ist der Anführer der wilden Hunde Won-a-pa-leis Feind. Was hat sich am Ende des Kapitels geändert? Beantworte die Frage mit vollständigen Sätzen.**

   Tipp: Die Wortgruppen im Kasten helfen dir.

   > Freunde werden /
   > Vertrauen zueinander haben /
   > sich freuen, dass der andere da ist /
   > nicht mehr allein sein

2. **Warum hat Won-a-pa-lei den Hund nicht getötet? Sprecht in der Klasse darüber.**

3. Wie denkst du über Won-a-pa-leis Entscheidung, den Hund nicht zu töten?

a) Kreuze die Sätze an, die zu deiner Meinung passen.

b) Falls kein Satz zu deiner Meinung passt, schreibe deine eigene Meinung auf die Linien.

- ❑ Ich bin froh, dass Won-a-pa-lei den Hund nicht umgebracht hat.
- ❑ Es war unvorsichtig, dass Won-a-pa-lei den Hund nicht umgebracht hat. Schließlich hätte der Hund sie angreifen können.
- ❑ Der Hund war schwer verletzt und konnte sich nicht wehren. Won-a-pa-lei hat richtig gehandelt.
- ❑ Ich hätte es verstanden, wenn Won-a-pa-lei den Hund getötet hätte. Schließlich hat der Hund den Bruder umgebracht. Das ist nicht einfach zu verzeihen.

___

___

___

4. a) Lies den folgenden Sachtext.

Der **Hund** stammt vom **Wolf** ab.
Vor Tausenden von Jahren zähmten die Menschen die ersten wilden Hunde.
Die gezähmten Hunde wurden zu Haushunden. Sie lernten, den Menschen zu gehorchen.
Alle Hunde sind **Fleischfresser**.
Haushunde werden meist gefüttert.
Wilde Hunde müssen sich ihre Nahrung selbst beschaffen. Meist jagen sie andere Tiere. Bei großer Nahrungsnot greifen sie manchmal auch Menschen an.

**b) Auch der Anführer der wilden Hunde wird am Ende des Kapitels zahm.
Sprecht in der Klasse darüber, was damit gemeint ist, wenn man sagt, ein Tier ist zahm.**

**5. Was dürfen zahme Hunde nicht tun?
Kreise ein.**

bellen beißen

schnuppern angreifen spielen

6. **Welchen Namen gibt Won-a-pa-lei dem Hund? Schreibe ihn auf die Linie.**

____

7. **Schreibe einen Hundenamen auf, der dir besonders gut gefällt.**

____

8. **Welche Farbe hat Rontus Fell? Und welche Farbe haben seine Augen? Male Rontu in den richtigen Farben an.**
Tipp: Lies die Zeilen 12 und 13 auf Seite 41.

Kapitel 11

Der Hund und ich verbrachten die nächsten Jahre jeden Tag miteinander. Ich sprach mit Rontu wie mit einem Menschen. Morgens rief ich: „Rontu, sieh mal, die vielen Möwen am Himmel!“ Dann blickte Rontu zum Himmel hinauf und wedelte mit dem Schwanz.

Er gewöhnte sich schnell an seinen Namen. Und auch andere Wörter ließen ihn bald aufhorchen. Zum Beispiel *Naip,* das heißt Fisch, oder *Zalwit,* das heißt Pelikan.

11

Ich merkte erst jetzt, wie einsam ich ohne Rontu gewesen war. Er lenkte mich von den traurigen Gedanken ein wenig ab.

Ich hielt regelmäßig nach dem Schiff aus dem Osten Ausschau. Aber es kam nicht. Nicht einmal die Fremden aus dem Norden kehrten auf die Insel zurück. Nach einem kalten Winter wurde die Sehnsucht nach den Menschen meines Stammes besonders groß. Ich wollte das Land im Osten suchen.

Die alten Kanus waren aber längst undicht geworden. Sie waren außerdem viel zu groß und zu schwer. Deshalb nahm ich die gut erhaltenen Planken der alten Kanus und baute mir ein neues.

Fast einen ganzen Sommer lang arbeitete ich daran. Rontu war immer an meiner Seite. Er verjagte die Pelikane am Strand oder er schlief irgendwo im Schatten.

Schließlich war das Kanu fertig.

Rontu und ich machten eine Probefahrt. Das Kanu glitt ganz leicht über das Wasser. Das Wichtigste aber war: Die Planken hielten dicht. Darüber freute ich mich sehr.

Doch für eine so weite Fahrt wie in das Land im Osten war das Kanu zu klein. Ich fuhr damit nur zum Fischen und zum Muschelnsammeln. Dafür eignete es sich hervorragend.

Eines Tages entdeckten Rontu und ich auf einer unserer Fahrten in einem Felsen am Meer eine Höhle. Ihr Eingang war gerade breit genug für das Kanu. Rontu und ich kletterten aus dem Kanu. Wir zogen es auf eine Felsplatte. Dann gingen wir den Weg durch die Höhle. Er endete in der Nähe meines Hauses.

11

Die Tage vergingen schnell. Rontu und ich entdeckten immer neue Wege und Orte auf der Insel. Und ich hatte meine Aufgaben. Ich sammelte wie jedes Jahr Vorräte für den Winter. Und ich ging auf Jagd. Früher hatten das die Männer unseres Stammes erledigt. Doch nun musste ich es selbst tun.

Ich jagte zum Beispiel Kormorane. Das sind Vögel, die schwimmen und fliegen können. Ihre schwarzen Federn glänzen herrlich in der Sonne. Aus solchen Federn wollte ich mir ein neues Kleid nähen.

Als ich eines Abends auf einem hohen Felsen stand, schwebten kleine Wolken über dem Meer. Die kleinste von ihnen war anders als die anderen. Ich blinzelte angestrengt in die Ferne.

Die kleine Wolke kam immer näher. Ich konnte es nicht glauben, doch dann war ich mir sicher: Ein Schiff kam auf die Insel zu.

Fortsetzung folgt

1. Was ist ein Pelikan? Was ist ein Kormoran?

a) Lies zunächst den Sachtext.

b) Schreibe nun unter jedes Bild den richtigen Vogelnamen.

Der **Pelikan** ist ein Vogel. Sein Schnabel ist sehr lang. Unter dem Schnabel befindet sich ein Hautsack. Fängt der Pelikan einen Fisch, dehnt sich der Hautsack wie ein Beutel. Pelikane können bis zu 180 Zentimeter groß werden.
Der **Kormoran** ist ein Vogel. Sein Hals ist lang und gebogen. Sein Gefieder ist überwiegend schwarz. Kormorane können bis zu 90 Zentimeter groß werden.

der ______________________ der ______________________

2. Mit wem verbringt Won-a-pa-lei jeden Tag?

a) Trage die fehlenden Buchstaben in das Kreuzworträtsel ein.

b) Die Buchstaben in den blauen Kästchen ergeben, von oben nach unten gelesen, einen Namen. Trage ihn in die Kästchen der Lösung ein.

1. Aus den Federn welcher Vögel will sich Won-a-pa-lei ein Kleid nähen?
2. Was schwebt abends über dem Meer?
3. Welche Vögel verjagt Rontu am Strand?
4. Für welche Jahreszeit sammelt Won-a-pa-lei Vorräte?
5. Was baut sich Won-a-pa-lei?

aus den Federn der 1		K	O	R	M	O		A	N	E	
2						W		L	K	E	N
3	P	E	L	I	K	A		E			
für den 4				W	I	N		E	R		
ein 5				K	A	N					

Lösung: Won-a-pa-lei verbringt jeden Tag

mit ☐☐☐☐☐ .

3. **Won-a-pa-lei und Rontu sind Freunde geworden.**
Was tun sie gemeinsam?
Bilde mit jedem Verb (Tuwort) in den Kästen einen Satz.
Schreibe die Sätze jeweils auf eine Linie.

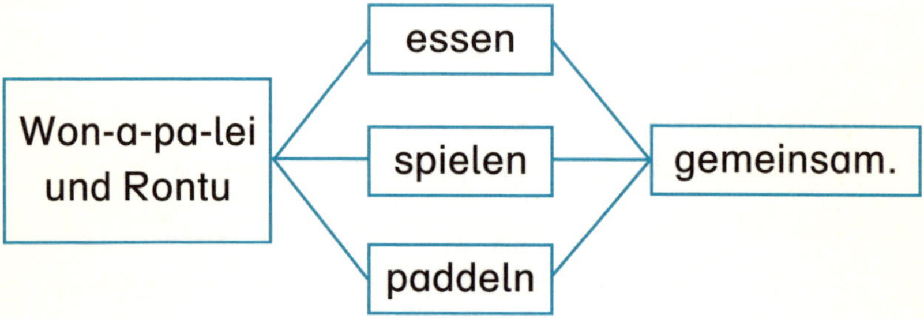

Won-a-pa-lei ______________________________

____

____

4. **Ein Schiff kommt auf die Insel zu.**
Wer könnte an Bord des Schiffes sein?
Und was könnte als Nächstes passieren?
Stellt in der Klasse Vermutungen darüber an.

Kapitel 12

Die Abendsonne blendete mich. Deshalb konnte ich die rote Farbe des Segels nicht erkennen. Zuerst dachte ich, das Schiff kommt, um mich zu holen. Aber dann hätte es von Osten kommen müssen. Das Schiff kam jedoch von Norden. Wahrscheinlich waren wieder Otterjäger an Bord.

Ich begann sofort, alle wichtigen Dinge in die Höhle nahe der Wasserstelle zu schaffen. Dann kletterte ich wieder den Felsen hinauf. Das Schiff hatte fast die Bucht erreicht. Zum Glück ging bald die Sonne unter. Die Fremden würden in der Dunkelheit bestimmt nicht an Land kommen. Ich nutzte die Zeit bis zum Morgen. Ich streute Sand über die Feuerstelle und den Boden meiner Hütte. Zuletzt verwischte ich die Spuren meiner Füße. Danach sah alles so aus, als hätte lange niemand mehr an diesem Ort gelebt.

Es vergingen viele Tage und Nächte. In der Höhle nahe der Wasserstelle waren Rontu und ich gut versteckt. Rontu wurde jedoch langweilig. Er lief in der Höhle auf und ab. Ich nähte jeden Tag an meinem Kleid aus Kormoranfedern. Schließlich war es fertig. Es war wunderschön. Ich musste es mir unbedingt bei Tageslicht ansehen. Deshalb zog ich es an und ging hinaus. Die Sonne stand hoch am Himmel. Das Kleid war noch viel schöner, als ich gedacht hatte. Auf den Federn lag ein Glanz wie von brennendem Feuer. Plötzlich hörte ich ein Rascheln.

Ich drehte mich um und entdeckte ein Mädchen. Es stand zwischen den Büschen und sah mich an. Das Mädchen musste zu den Fremden aus dem Norden gehören. Mein Speer lag griffbereit da. Aber ich warf ihn nicht. Rontu ging langsam auf das Mädchen zu und ließ sich streicheln. „Tutok“, sagte das Mädchen und zeigte mit dem Finger auf sich. Ich sagte meinen Namen nicht. „Komm her, Rontu!“, rief ich stattdessen. Rontu kam zu mir zurück. Das Mädchen sah erst Rontu, dann mich an und lächelte. Das Mädchen zeigte auf mein neues Kleid: „Wintscha“, sagte es. Es klang ähnlich wie das Wort, das in unserer Sprache „hübsch“ hieß. Ich war sehr stolz. Und es tat sehr gut, eine menschliche Stimme zu hören.

Fortsetzung folgt

1. Was ist alles passiert?

a) Verbinde die richtigen Satzteile, sodass die Aussagen stimmen.

b) Schreibe die Sätze nun vollständig in dein Heft.

Won-a-pa-lei entdeckt	dem Norden.
Das Schiff kommt aus	ein Schiff.
Won-a-pa-lei versteckt sich in	der Höhle.
Als sie die Höhle verlässt, trifft sie	Kleid.
Das Mädchen bewundert Won-a-pa-leis	ein Mädchen.

2. Warum versteckt sich Won-a-pa-lei in der Höhle, als die Fremden aus dem Norden kommen? Sprecht in der Klasse darüber.

3. Wie heißt das fremde Mädchen?
Beantworte die Frage
mit einem vollständigen Satz.

____

4. Tutok gefällt Won-a-pa-leis Federkleid.
Schreibe die passenden Adjektive auf die Linien.

hässlich / schön / dreckig / hübsch /
schwarz / scheußlich

Das Kleid ist
- ____________________.
- ____________________.
- ____________________.

5. Male ein farbiges Bild, das zu diesem Text passt.
Male es mit Buntstiften auf ein weißes Blatt Papier.

Die Sonne geht orangefarben über dem Meer unter.
Einige kleine weiße Wolken schweben am Himmel.
Auf dem blauen Meer fährt ein Schiff.
Sein großes rotes Segel ist vom Wind aufgebläht.

Kapitel 13

Nachdem Tutok gegangen war, packte ich meine Körbe. Schließlich gehörte das Mädchen zu den Feinden und kannte mein Versteck. Ich brachte meine Körbe in ein neues Versteck. Dann schlich ich noch einmal vorsichtig zurück. Jemand musste da gewesen sein. Vor der Höhle lag eine Halskette aus schwarzen Steinen. Sie war schöner als jede Kette, die ich bisher gesehen hatte.

Aber ich rührte sie nicht an.

Ich verbrachte die Nacht auf einem Felsen. Am nächsten Morgen beobachtete ich den Eingang der Höhle. Das Mädchen kam bald. Es ging zur Höhle und sah, dass die Kette noch dort lag.

Da drehte es sich um und wollte wieder gehen.

Es sah traurig aus.

„Tutok!“, rief ich und ging zur Höhle. Dann legte ich mir die Kette um den Hals.

„Wintscha“, sagte das Mädchen.

„Wintscha“, antwortete ich. Es klang komisch aus meinem Mund. Dann sagte ich unser Wort für hübsch: „Win-tai.“

„Win-tai“, wiederholte das Mädchen.

Von da an kam das Mädchen jeden Tag. Immer wieder zeigten wir auf Dinge und nannten unsere Wörter dafür. Ich sagte ihr auch meinen Namen, Won-a-pa-lei.

Meinen geheimen Namen nannte ich jedoch nicht.

In den Nächten arbeitete ich an einem Geschenk für Tutok. Ich wollte ihr für die Halskette danken. Also durchbohrte ich viele kleine Muscheln mit einer Nadel. Die reihte ich später auf einem festen, dünnen Grashalm auf. Nach fünf Nächten war die Muschelkette für Tutok fertig.

„Wintscha“, sagte sie und fiel mir um den Hals.

Ich freute mich, dass sie glücklich war.

Und dann geschah es, dass ich ihr meinen geheimen Namen verriet. „Karana“, sagte ich und zeigte auf mich. „Won-a-pa-lei?“, fragte sie unsicher. Ich schüttelte den Kopf. „Karana“, sagte ich. Ich vertraute Tutok. Eines Tages kam Tutok nicht. Ich wartete lange. Dann lief ich zur Klippe und sah in die Bucht. Die fremden Jäger verluden die Otterfelle. Bald würden sie abreisen. Am nächsten Morgen waren sie fort. Zuerst freute ich mich. Endlich konnte ich in mein Haus zurückkehren. Doch dann wurde ich traurig. Ich hatte nun keine Freundin mehr.

Fortsetzung folgt

1. Welche Nomen sind in dem Lückentext durch Bilder erklärt?

a) Lies den Text.

b) Setze die Nomen in die Lücken ein.

Als das Mädchen gegangen ist, verlässt Won-a-pa-lei

ihr Versteck in der  __________.

Später findet sie vor dem Höhleneingang

eine  __________.

Die  __________ der Kette sind schwarz.

Die Kette ist ein Geschenk von Tutok.

Won-a-pa-lei bedankt sich mit einer Kette

aus  ______________.

**2. Die beiden Mädchen bringen sich gegenseitig Wörter aus ihrer Sprache bei.
Sie benutzen dazu eine Zeichensprache.
Erkläre einer Partnerin oder einem Partner die folgenden Wörter in Zeichensprache:
schlafen, essen, kochen, Angst, Freude.**

Tipp: Verständige dich mit Gesten und Zeichen, aber ohne zu sprechen.

3. Warum verlässt Won-a-pa-lei ihr Versteck, nachdem sie Tutok getroffen hat? Sprecht in der Klasse darüber.

4. Won-a-pa-lei verrät ihren geheimen Namen zuerst nicht. Warum verrät sie ihn später doch? Schreibe in vollständigen Sätzen auf die Linien.

Tipp: Die Wörter und Wortgruppen im Kasten helfen dir.

Zuerst: Misstrauen haben / fremd sein
Danach: kennen lernen / Freundschaft schließen
Schließlich: Vertrauen haben

5. Won-a-pa-lei und Tutok sind Freundinnen geworden. Es gibt noch andere Wörter, in denen „freund“ vorkommt.

a) Verbinde die richtigen Kästchen, sodass die Wörter stimmen.

b) Schreibe nun die Wörter dreimal hintereinander in dein Heft.

die Freund	lich
freund	schaft
die Freund	lichkeit

6. Die Fremden sind mit Tutok wieder abgereist. Zuerst freut sich Won-a-pa-lei. Doch dann wird sie auch traurig. Schreibe die Sätze zu Ende.

Tipp: Lies die Zeilen 47 bis 50 auf Seite 84.

Won-a-pa-lei freut sich, weil ____________________

____.

Won-a-pa-lei ist traurig, weil ____________________

____.

Kapitel 14

Die Jäger aus dem Norden ließen viele verwundete Otter zurück. Die meisten von ihnen starben. Einen Otter pflegte ich gesund. Ich fing jeden Tag zwei Fische für ihn. Ich kümmerte mich so lange um ihn, bis er wieder schwimmen konnte. Dann verließ er die Küste.

Bald darauf kam der Winter. Ich hatte wegen der Fremden keine Vorräte sammeln können. Deshalb hatte ich nur wenig zu essen. Der Winter wurde besonders hart. Ich dachte oft an Tutok, vor allem, wenn ich die Kette trug. Dann wünschte ich, sie wäre bei mir. Ich hörte sie in ihrer seltsamen Sprache reden. Und ich überlegte mir Wörter, die ich ihr beibringen würde. Endlich wurde es Frühling. Alles blühte. Die Vögel kamen auf die Insel zurück. Ich freute mich über jedes Tier auf der Insel. Die Tiere waren meine Freunde geworden. Ich wollte kein einziges Tier mehr jagen, auch keine Kormorane und keine wilden Hunde. Mein Vater hätte mich ausgelacht. Denn in unserem Stamm war es üblich, Tiere zu jagen. Doch ich spürte, dass jedes der Tiere zu einem Freund werden konnte.

Mein bester Freund war Rontu. Aber Rontu machte mir Sorgen. Er freute sich dieses Jahr überhaupt nicht über den Frühling. Früher hatte er mit dem Schwanz gewedelt oder gebellt, wenn er die Möwen am Himmel sah. Jetzt schaute er nicht einmal mehr hin. Mit jedem Tag wurde er müder.

Eines Tages war er verschwunden. Ich wartete lange auf ihn. Dann ging ich ihn suchen. Ich fand seine Spuren und folgte ihnen. Schließlich entdeckte ich ihn in der Nähe einer Höhle. Er lag am Boden und rührte sich nicht.

Ich berührte ihn vorsichtig. Er war nicht verletzt. Ich spürte seinen Herzschlag. Aber sein Herz schlug nur noch wenige Male, dann hörte es auf.

„Rontu“, flüsterte ich unter Tränen.

Ich begrub ihn auf einem Hügel. Zwei Tage lang schaufelte ich das Loch für das Grab. Dann legte ich ihn hinein. Ich gab auch noch einen Stock in das Grab. Mit dem Stock hatte er so gern gespielt. Ich deckte Rontu mit der Erde zu.

Zum Schluss schmückte ich das Grab mit Blumen und bunten Kieselsteinen.

Seit Rontus Tod sah ich wieder jeden Morgen und jeden Abend über das Meer. Ich wartete noch immer auf das Schiff aus dem Osten. Oder hatte mich mein Stamm schon längst vergessen?

Fortsetzung folgt

1. **Won-a-pa-lei denkt oft an Tutok. Sie würde Tutok gern wiedersehen. Welches Nomen passt zu ihrem Gefühl? Schreibe das passende Nomen in die Lücke.**

Heimweh / Sehnsucht / Eifersucht / Fernweh

Won-a-pa-lei hat ____________________ nach Tutok.

2. **Won-a-pa-lei glaubt, dass jedes Tier zu einem Freund werden kann. Hast du schon einmal ein Tier zum Freund gehabt? Erzähle in der Klasse davon.**

3. **In diesem Text ist alles kleingeschrieben.**

a) **Lies den Text.**

b) **Schreibe nun den Text richtig in dein Heft.**

Tipp: Der Satzanfang wird großgeschrieben. Nomen werden großgeschrieben.

ich wollte kein einziges tier mehr jagen.
mein vater hätte mich ausgelacht.
in unserem stamm war es üblich, tiere zu jagen.
doch ich spürte, dass jedes der tiere zu einem freund werden konnte.

4. Was geschieht der Reihe nach?

a) Nummeriere die Sätze in der richtigen Reihenfolge.

b) Schreibe die Sätze nun in der richtigen Reihenfolge in dein Heft.

☐ Eines Tages ist Rontu verschwunden.
☐ Rontu wird mit jedem Tag müder.
☐ Sie entdeckt Rontu in der Nähe einer Höhle.
☐ Won-a-pa-lei sucht Rontu.
☐ Rontus Herz hört auf zu schlagen. Er ist tot.

5. Das könnte Won-a-pa-lei in ein Tagebuch geschrieben haben. Ergänze die passenden Satzanfänge.

Dann / Erst / Nun / Jeden Tag

__________ hat mich Tutok verlassen. __________ ist Rontu gestorben. __________ bin ich wieder allein. ______________ schaue ich aufs Meer hinaus und warte auf das Schiff aus dem Osten, das mich abholt.

Kapitel 15

An einem Morgen im Frühling sah ich das Schiff. Es kam aus Richtung Osten auf die Insel zugefahren. Ich stand auf dem Felsen hoch über der Bucht. Schnell lief ich zum Haus zurück. Hastig packte ich meine Sachen in die Körbe. Endlich würde ich die Insel verlassen können. Die Männer aus dem Osten nahmen mich sicher mit auf ihrem Schiff. Doch was würde ich tun, wenn ich in dem Land im Osten ankam? Würde ich endlich die Menschen meines Stammes wiedersehen? Und würden sie mich wiedererkennen? Später näherten sich drei Männer dem Haus. Mein Herz schlug wild. Aufgeregt trat ich auf sie zu.

15

Einer der Männer sprach ein paar Worte. Er machte dabei seltsame Geräusche mit dem Mund. Beinahe hätte ich gelacht. Aber ich biss mir auf die Zunge, schüttelte den Kopf und lächelte. Der Mann sprach wieder, diesmal langsamer. Obwohl seine Worte immer noch seltsam klangen, fand ich sie schön. Sie waren die Laute einer menschlichen Stimme.

Es gab keine schöneren Laute als diese.

Der Mann malte mit dem Finger ein Schiff in die Luft. Dann zeigte er auf die Bucht.

Ich nickte und holte die Körbe. Die Männer trugen sie zum Strand hinunter.

Einer der Männer nähte mir ein neues Kleid.

Das Kleid war blau. Es reichte mir vom Kopf bis zu den Füßen. Der Stoff kratzte und war dick. Aber ich lächelte und zog das Kleid an.

Am dritten Tag brachen wir auf. Ich sah noch einmal zur Insel zurück. Ich dachte an Rontu. Ich erinnerte mich an die vielen glücklichen Tage auf der Insel der blauen Delfine. Der Abschied von der Insel und den Tieren fiel mir schwer. Doch ich freute mich sehr auf das Land im Osten.

Das Schiff setzte sich in Fahrt. Wir fuhren der Sonne entgegen. Plötzlich tauchten Delfine aus dem glitzernden Meer auf. Sie schwammen dem Schiff voraus. Sie begleiteten uns mehrere Tage lang.

Ich war gespannt auf meine neue Heimat.

ENDE

1. Wie geht die Geschichte zu Ende?

a) Streiche zunächst die falschen Sätze und die Buchstaben dahinter durch.

b) Die Buchstaben hinter den richtigen Sätzen ergeben, von oben nach unten gelesen, ein Wort. Trage es in die Kästchen unten ein.

Eines Morgens sieht Won-a-pa-lei ein Schiff. I
Eines Abends sieht Won-a-pa-lei ein Schiff. M
Das Schiff kommt aus dem Norden. P
Das Schiff kommt aus dem Osten. N
Drei Männer kommen zu ihrem Haus. S
Dreizehn Männer kommen zu ihrem Haus. L
Won-a-pa-lei bekommt ein neues Kleid. E
Won-a-pa-lei bekommt neue Schuhe. F
Das Schiff nimmt Won-a-pa-lei nicht mit. T
Won-a-pa-lei fährt mit dem Schiff Richtung Osten. L

So geht die Geschichte zu Ende:

Won-a-pa-lei nimmt Abschied

von der [ ] [ ] [ ] [ ] [ ] .

2. Was könnte nach Won-a-pa-leis Abreise von der Insel der blauen Delfine passieren? Schreibe eine Fortsetzung der Geschichte in dein Heft.

Tipp: Die Wortgruppen in den Kästen helfen dir.

ein schönes Land im Osten / den Stamm wiedersehen / neue Freunde kennen lernen / Sehnsucht nach der Insel haben / mit den neuen Freunden zurück auf die Insel fahren / ein neues Dorf gründen / Rontus Grab besuchen / einen neuen Hund zähmen

ein fremdes Land im Osten / niemanden kennen / Sehnsucht haben / die Insel und die Tiere vermissen / an Rontu und Tutok denken / traurig sein / eines Tages zurückfahren wollen

ein kleines Land im Osten / den Stamm wiedersehen / ein neues Dorf in der neuen Heimat / Tiere in der neuen Heimat / neugierig auf die Zukunft sein / nicht mehr zurückwollen / glücklich sein